Dibuja
Usando La Forma De Tus Manos
Vol. 3

Aportación de Ideas, Escrito e Ilustrado Por:
Yuridia Ramirez Olvera

Y.........¡La diversión continúa, con: "<u>Dibuja Usando</u>

<u>La Forma De Tus Manos Vol. 3</u>"! Al igual que las ediciones anteriores, este libro no solo es un libro de actividades para entretener, si no para enseñarte a dibujar de la manera más fácil y divertida, con explicaciones en dibujo y en escrito. ¡Aprenderás a dibujar un conejo, unos hermanos siameses, un sofá y muchas cosas más!

dedo medio

anular

meñique

pulgar

Primer Dibujo: Sofá

Vas a hacer un puño con tu mano y la vas a trazar sobre la hoja. Ahora vas a dibujar un par de líneas curveadas, una de cada lado, para que sea la parte donde pones los brazos en el sofá. Dibujas el cojín del asiento y la parte inferior del sofá. Finalmente, vas a ponerle los detalles de donde pones los brazos y el respaldo.

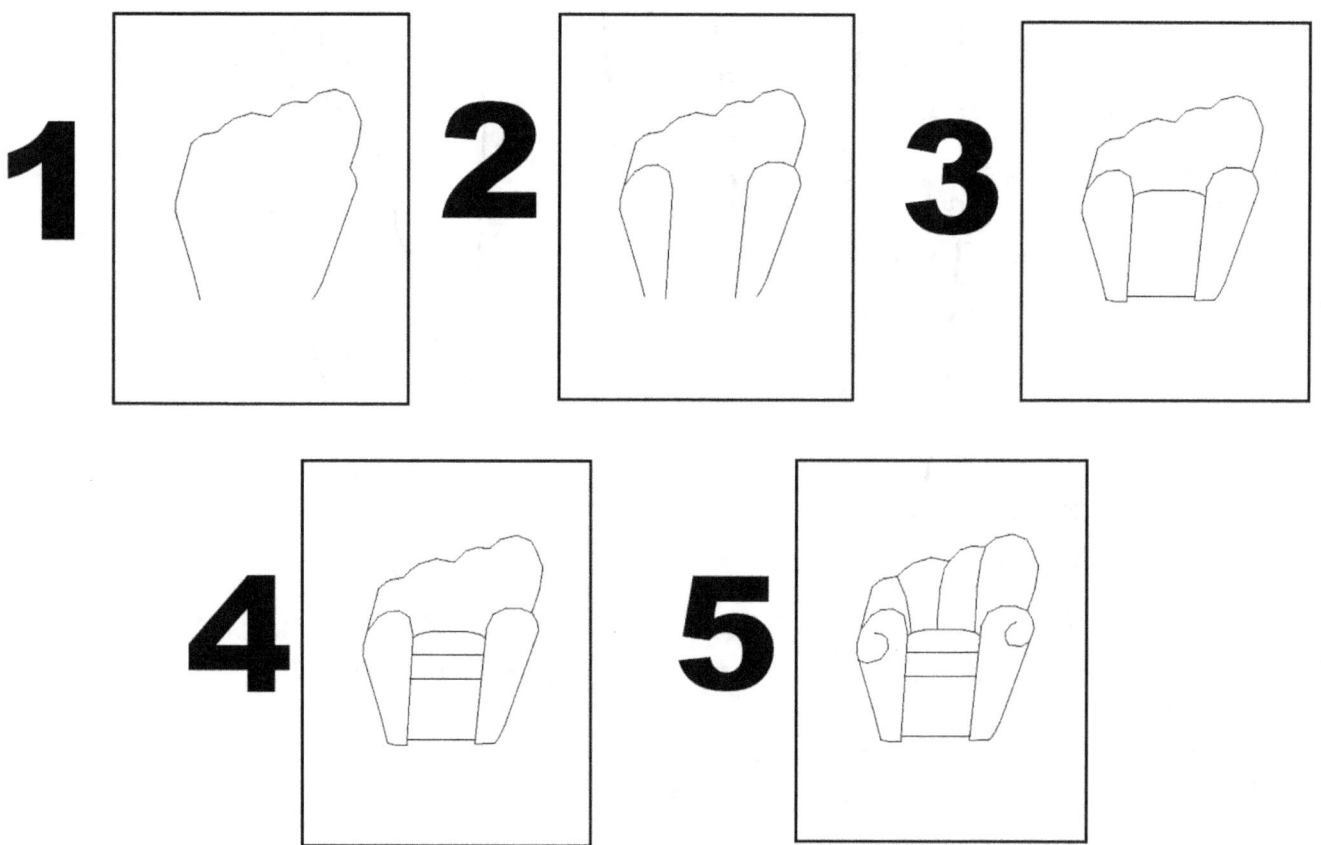

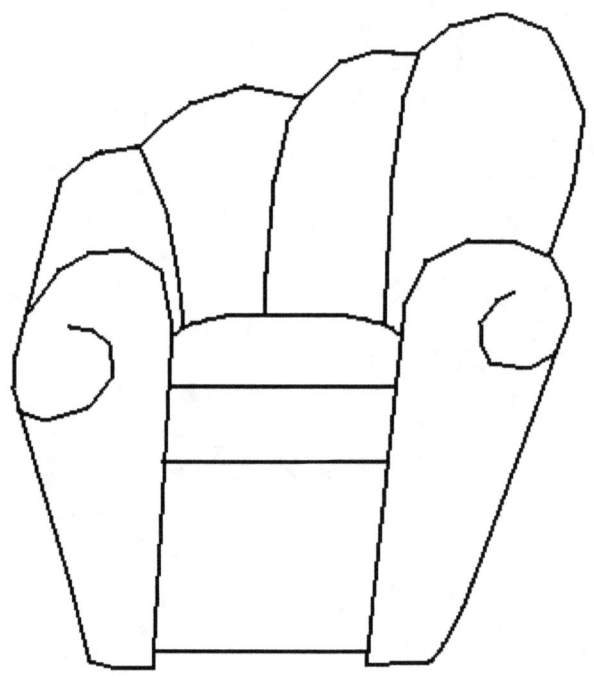

Calabaza De Halloween

Haces un puño con tu mano, y con los dedos hacia abajo pones tu mano en la hoja y la trazas. Le dibujas los ojos y nariz en forma de triangulo y una boca molacha. En el área donde empieza la muñeca dibujas una línea para cerrar la calabaza. Dibujas unas líneas curveadas donde termina cada nudillo. Finalmente dibujas el tallo y si quieres una ramita.

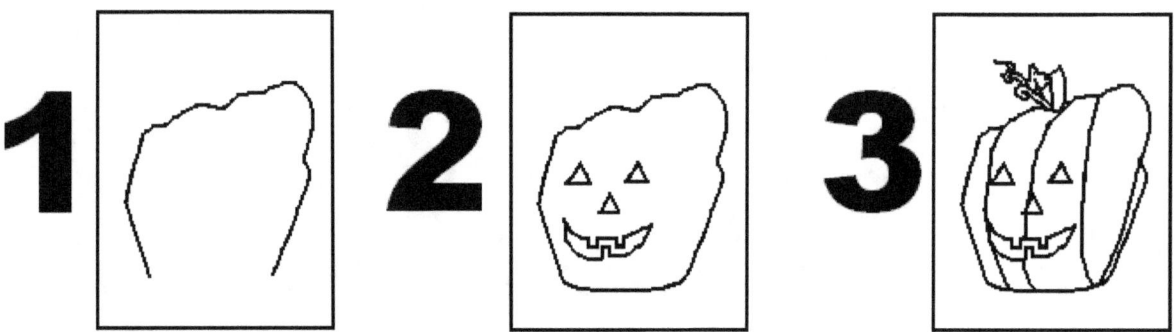

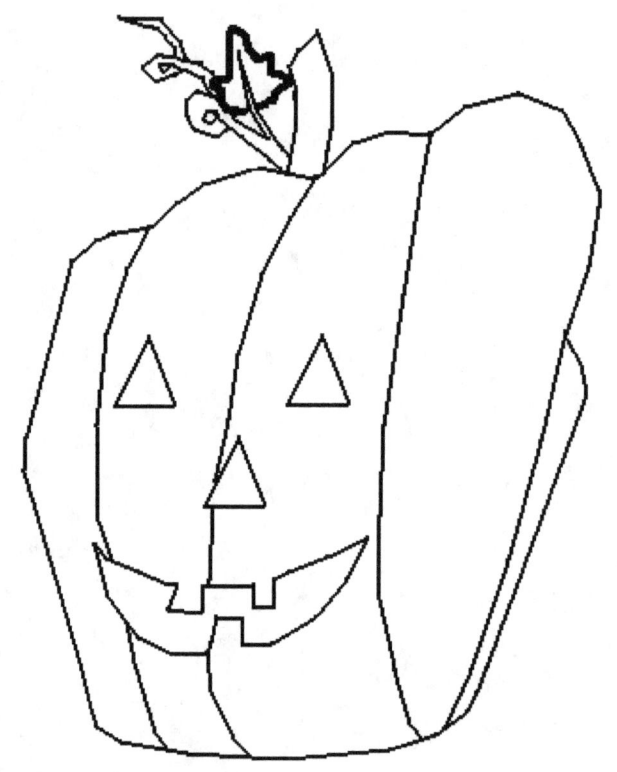

Gorro Navideño

Pones tu mano en la posición que parece que señalas a algo con el pulgar y la trazas sobre la hoja. Vas a voltear tu hoja de forma que la mano quede hacia abajo. Empezando en el dedo pulgar vas a dibujar una línea un poco curveada, para que se vea como si la punta del gorro estuviera doblada hacia abajo. Ahora dibuja una bola de peluche en la punta del dedo pulgar y una línea curveada que vaya como en zigzag arriba de los nudillos (que también es peluche).

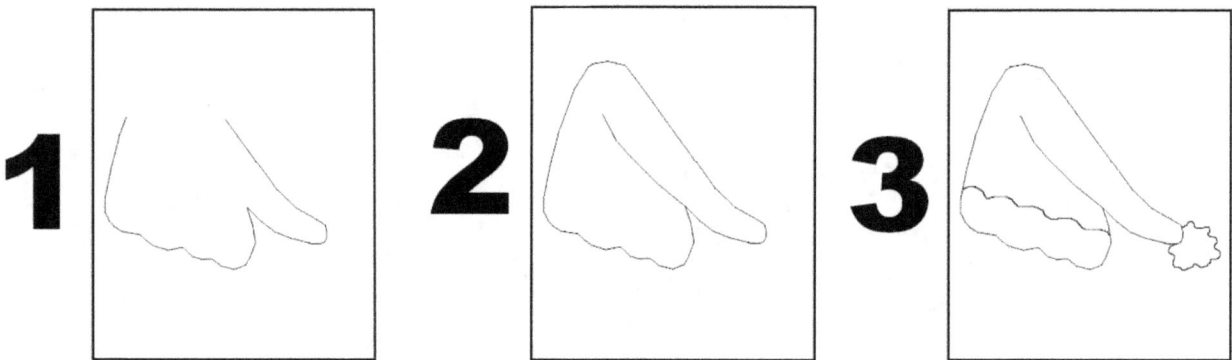

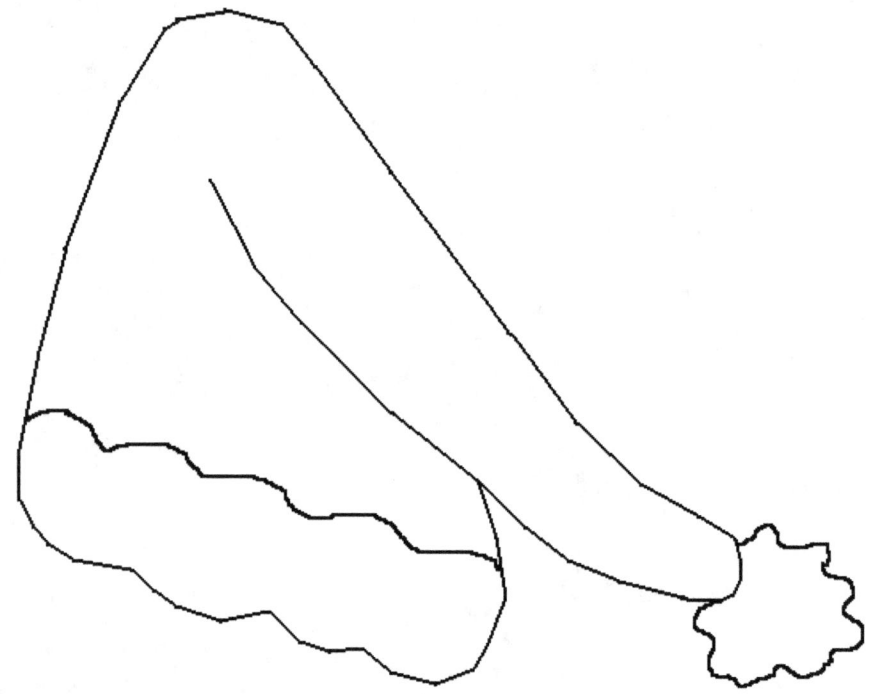

<u>Gorra</u>

Pones tu mano en la misma posición que para el gorro navideño, la trazas sobre la hoja, y volteas la hoja de manera que la mano quede hacia abajo. Ahora, vas a cerrar el dibujo de mano con una línea recta y vas a hacer una línea curveada desde el pulgar hasta llegar al otro lado de la mano. A continuación vas a dibujar los detalles que puedes ver en el número tres de las ilustraciones.

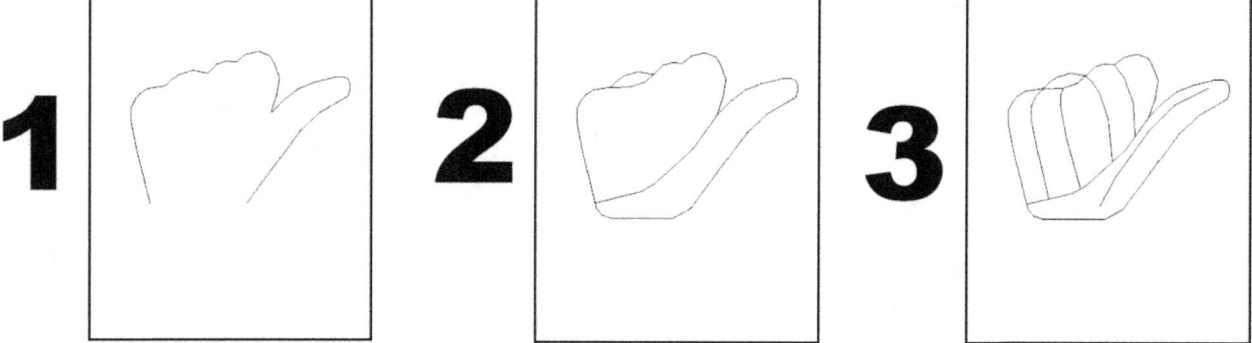

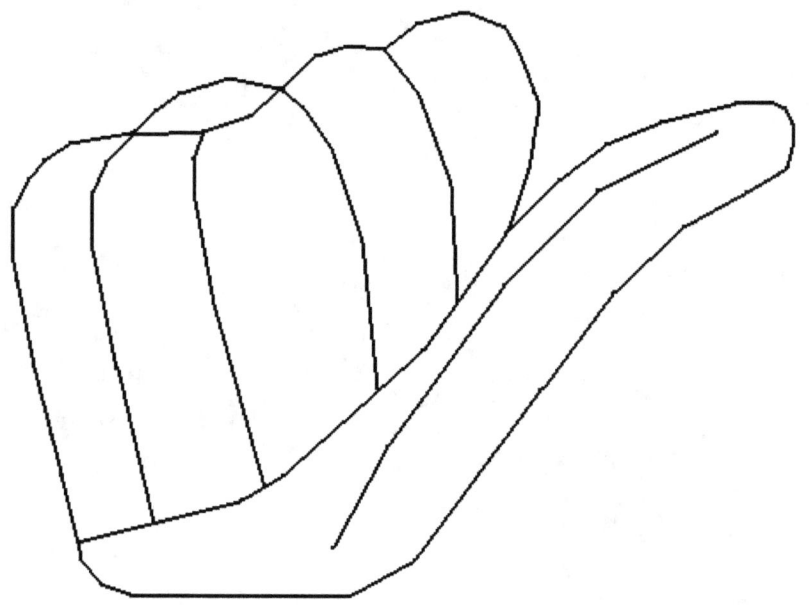

Señor

Trazas tu mano en forma de puño en el centro de la hoja. Debajo del nudillo del meñique dibujas una nariz grande y redonda, en el área del nudillo del dedo meñique, justo arriba de la nariz un ojo, después el otro por un lado, y debajo de la nariz, bigote y boca. Ahora vas a dibujarle pelo rizado utilizando los nudillos que quedaron, como lo puedes ver en las ilustraciones y una oreja.

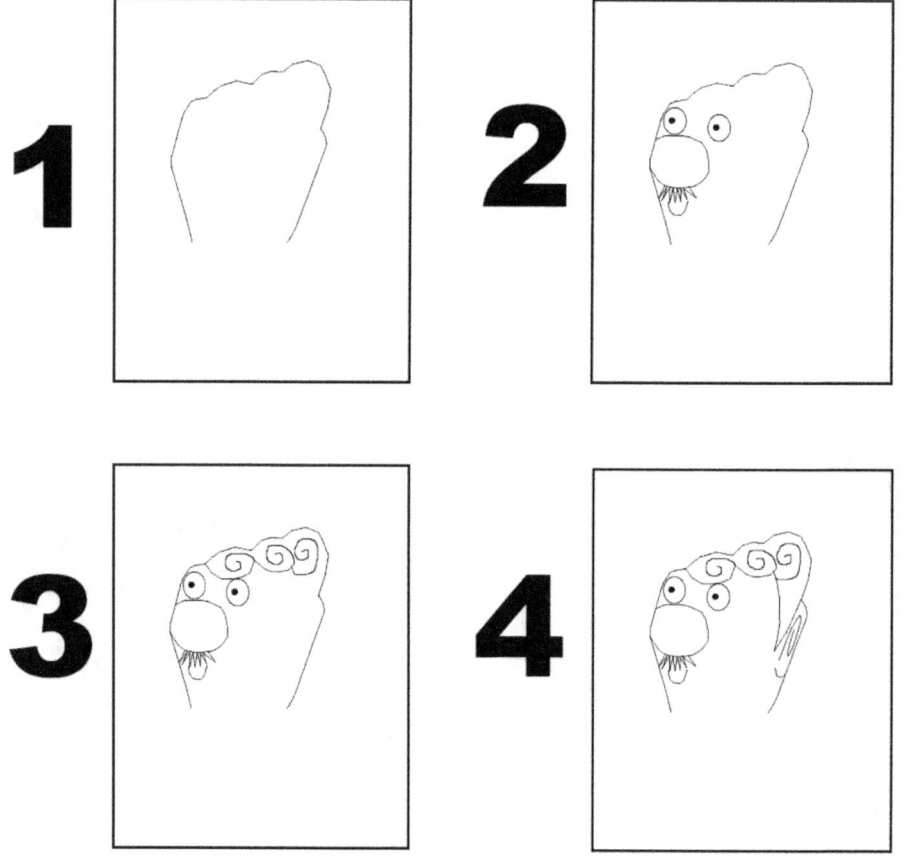

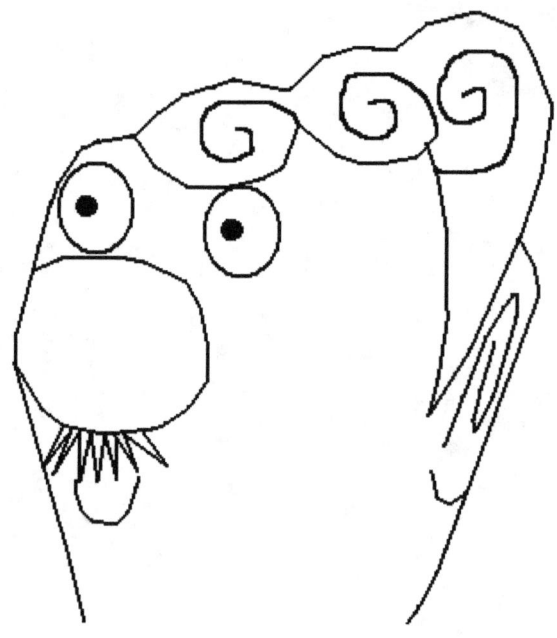

Flor

Has un puño con tu mano y trázala en la parte superior de la hoja. Para dibujar los pétalos, vas a hacer una línea curveada que suba y baje comenzando en el pulgar hasta atravesar la mano. Cierras la flor con una línea curveada en la base, y para finalizar dibujas el tallo y una hoja.

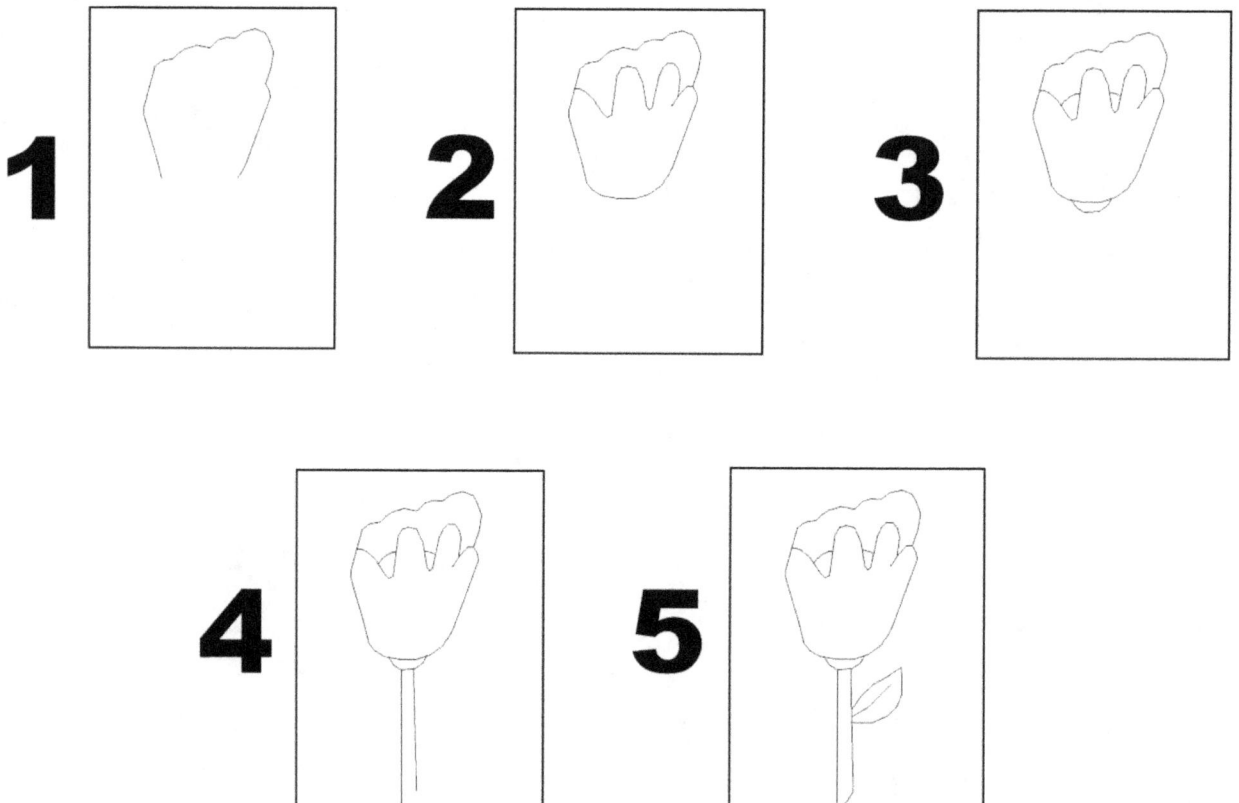

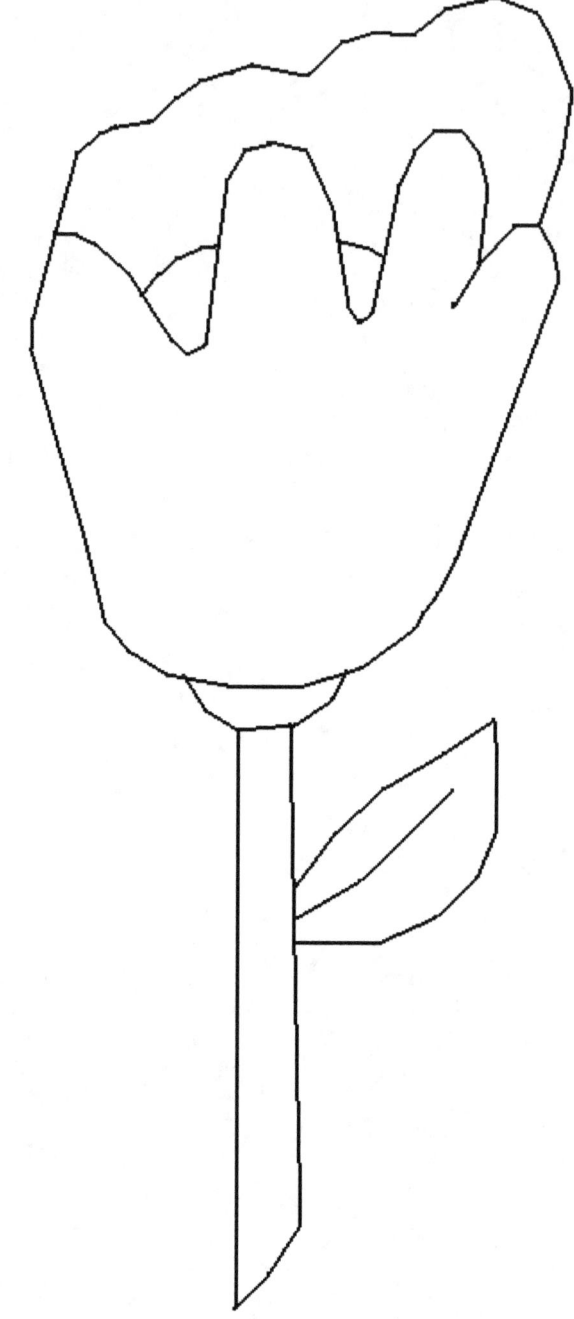

Conejo

Haces con tu mano un número dos, que los únicos dedos que queden arriba sean el índice y el medio, los cuales deben quedar separados uno del otro, con esta posición trazas tu mano en el centro de la hoja. El nudillo que quedó del dedo anular va a ser donde colocarás un ojo, el otro lo haces enseguida del primero. El nudillo del dedo meñique es el espacio que utilizarás para dibujar la nariz y también donde comienza el hocico, que harás en forma de letra "w". A esta "w" le vas a dibujar bigotes y dientes. Para terminar, a los dedos índice y medio dibújales la parte interna de las orejas. Olvidaba algo: dibujar el cuello.

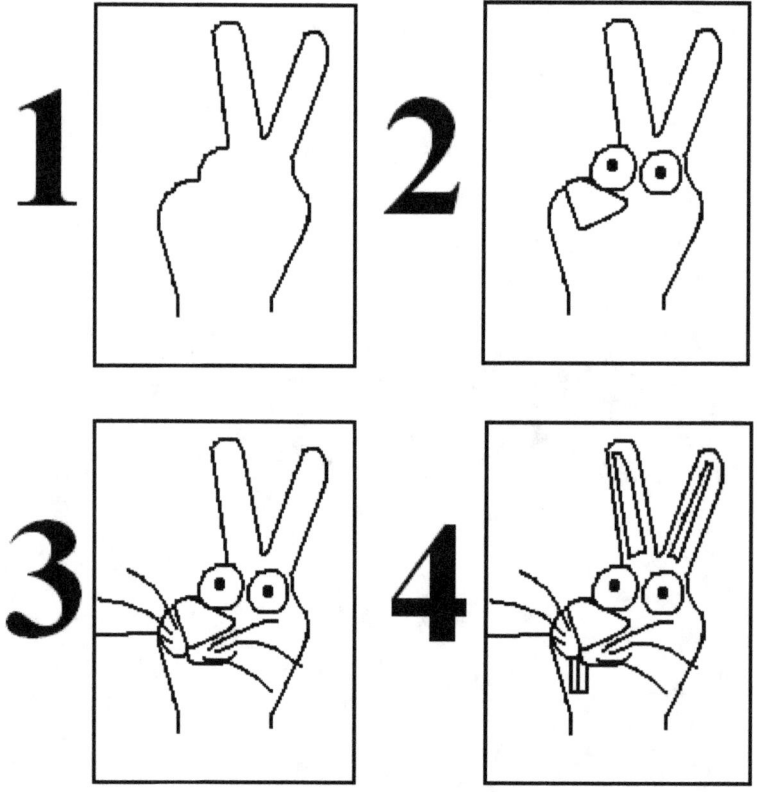

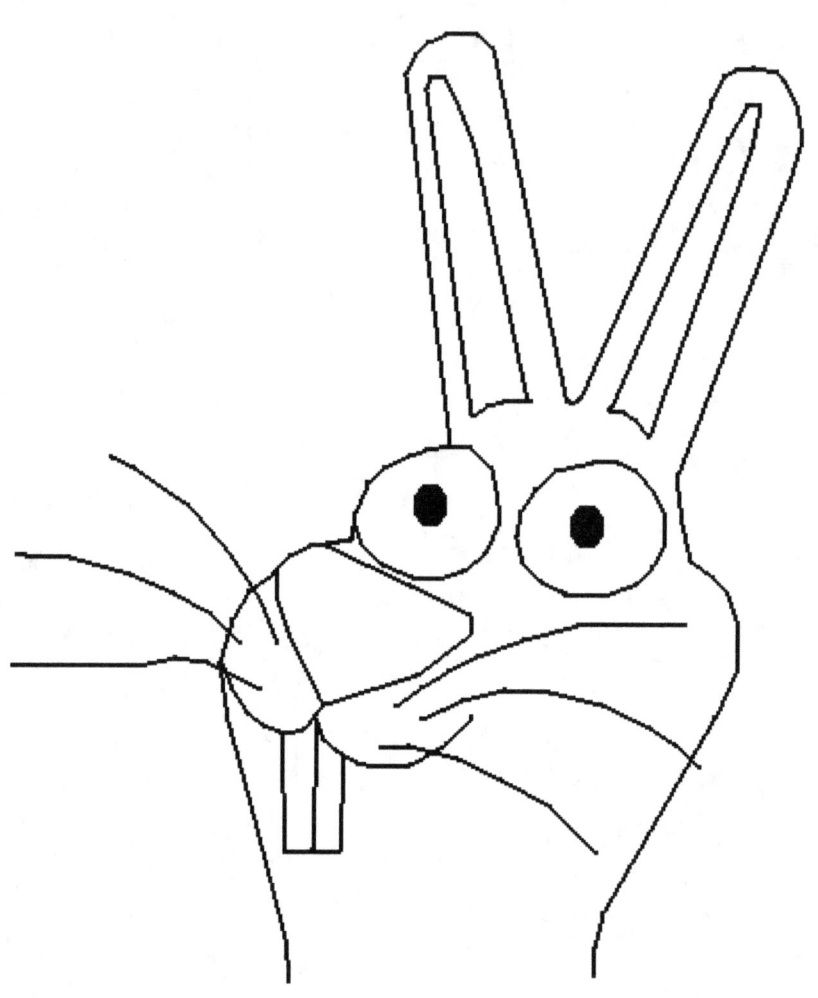

<u>Helado</u>

Haces un número uno con tus dedos, que el índice sea el único dedo arriba, colocas la mano en la parte superior de la hoja y trazas tu mano. Esta malteada está servida en una copa, entonces cierras la mano a la altura de la muñeca en forma de óvalo y dibujas la base de la copa. Podrás ver que quedaron unos huesos sobre salientes por los lados (el del pulgar y el del meñique), ahí vas a dibujar una línea curveada que distinga la copa y la nieve. Tu dedo índice va a ser el popote, lo demás es la nieve y puedes poner una cereza.

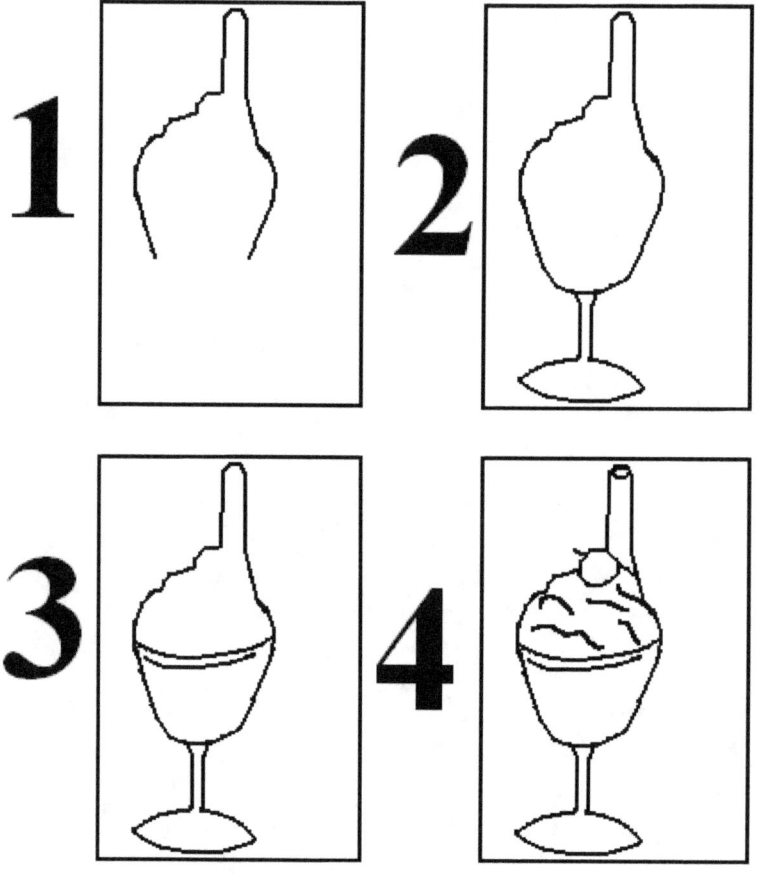

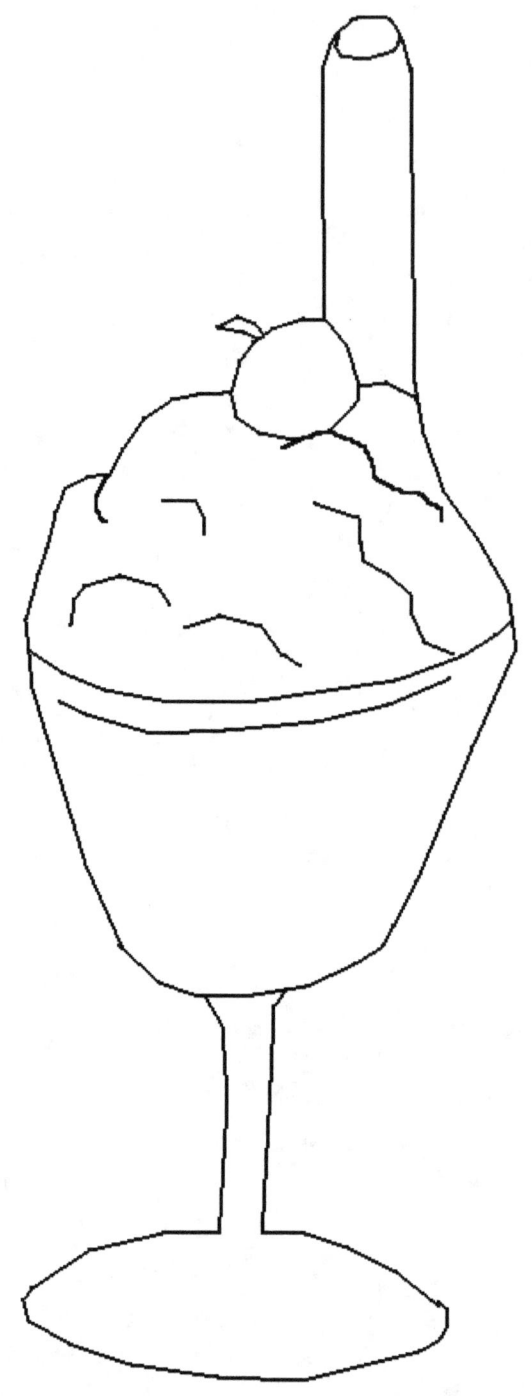

Árbol Navideño

Pones tu mano en la posición que parece que vas a tomar algo con la mano, como podrás apreciar mejor en las ilustraciones, ahora traza tu mano en el centro de la hoja. Tus cuatro dedos van a ser las ramas del árbol y el pulgar puede ser el piso o un pedazo de tela como de decoración. Vas a dibujar una línea diagonal para hacer la otra mitad del pino, y haces también la otra mitad del tronco y del piso o pedazo de tela. Dibujas unos regalos debajo del árbol, le dibujas esferas al árbol, puedes dibujarle guías de luces, o cualquier otra cosa que se te ocurra. Finalmente si quieres, puedes dibujarle una estrella o un ángel en la punta.

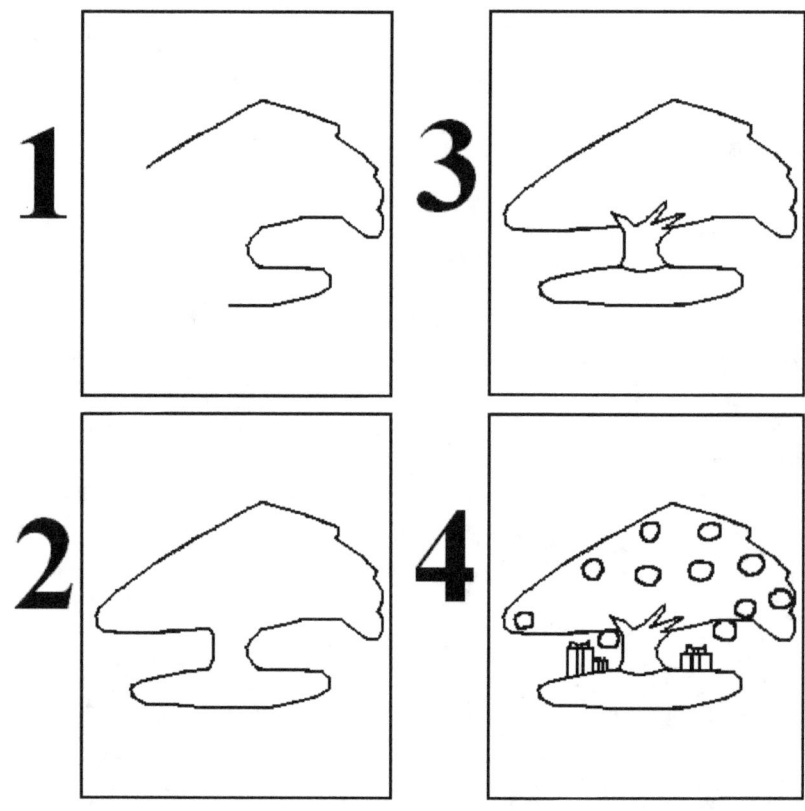

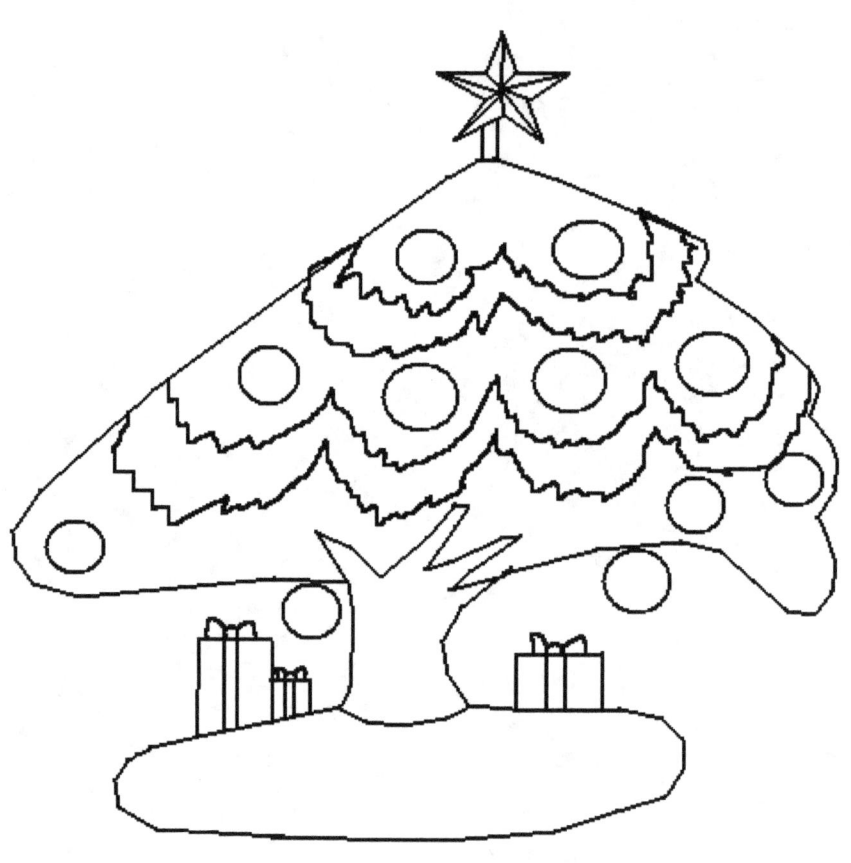

Castillo

Traza tu mano abierta en el centro de la hoja. Has una línea recta justo debajo de la mano, para que sea el piso. Cada uno de tus dedos va a ser una torre, dibuja la parte de arriba de las torres como un castillo típico (como si cada torre tuviera una corona). En el centro del castillo dibuja las puertas de entrada grandes en forma de arco. Ahora dibuja los ladrillos del castillo, para terminar dibuja un camino de entrada.

1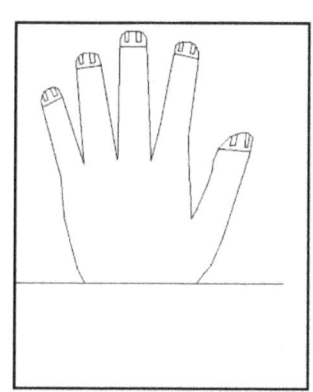

2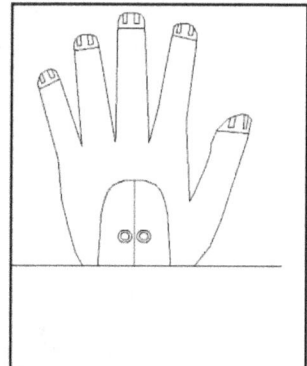

3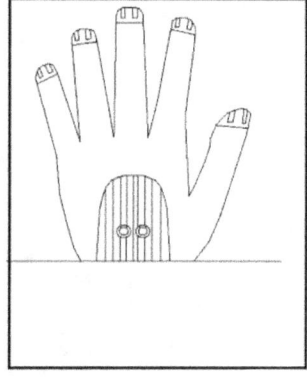

4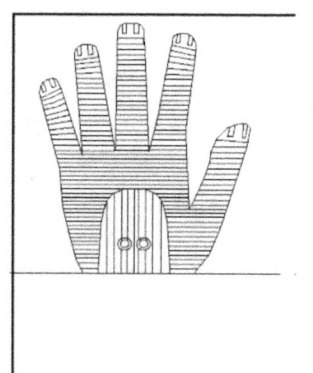

5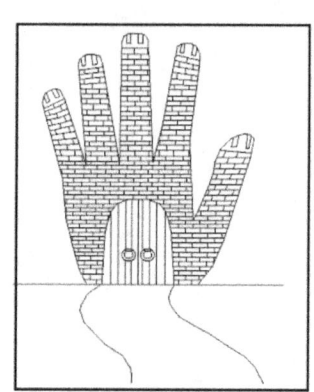

6

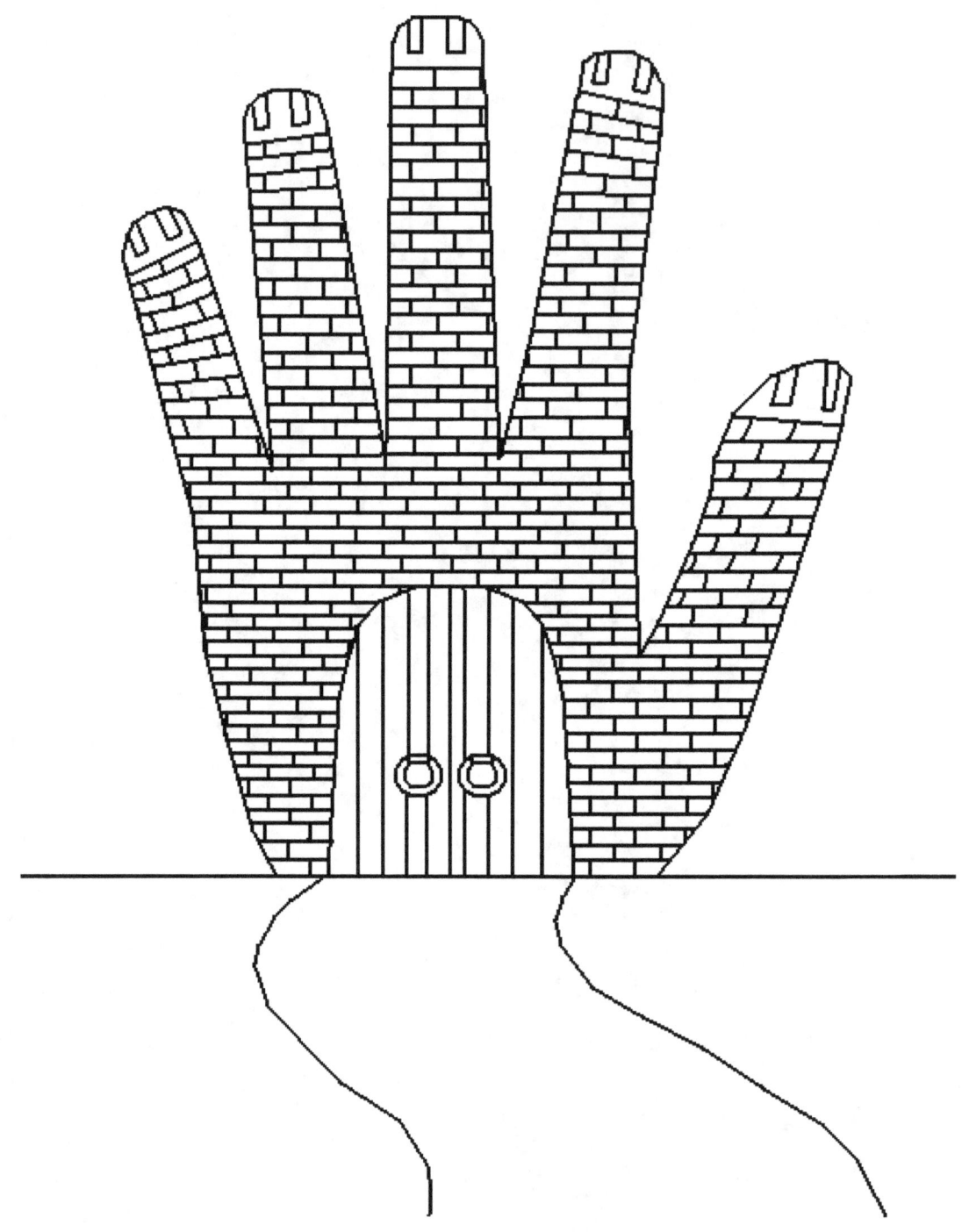

Rey

Abres tu mano, separas el dedo pulgar lo más que puedas de los demás dedos, en esa posición colocas tu mano en la parte superior de la hoja y la trazas. Primero dibujas el pelo, después una línea curveada para definir la corona, luego dibujas la oreja. Ahora dibujas un ojo, una ceja, el bigote, el poro de la nariz y unas líneas en el pelo. Dibujas el labio inferior, la barbilla y el cuello, finalmente decoras la corona a tu gusto.

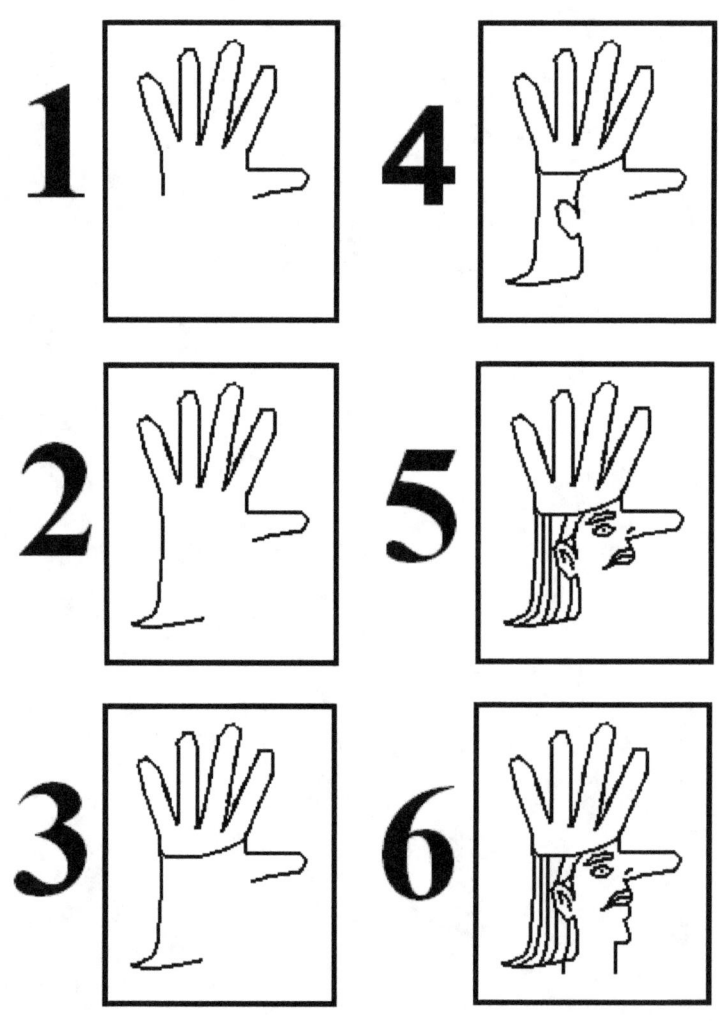

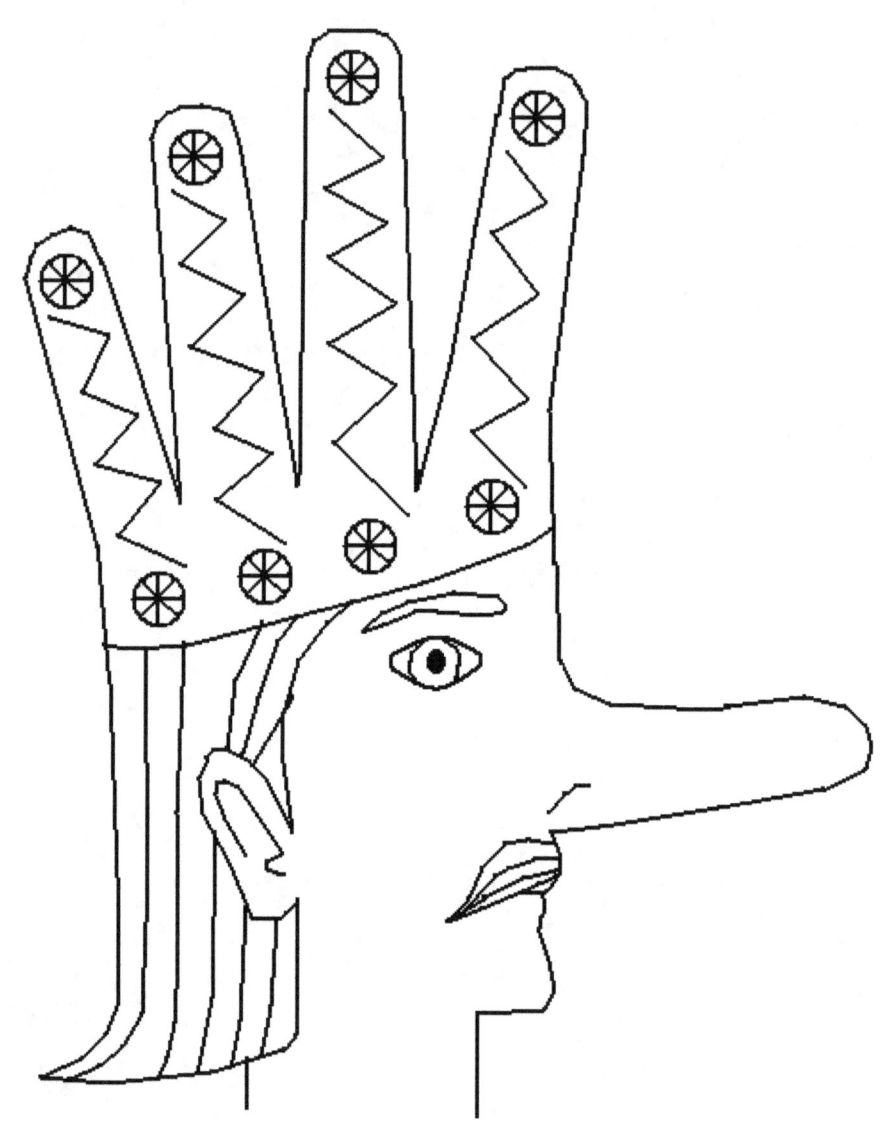

Cocodrilo

Haces un número dos con tu mano, pero esta vez el dedo pulgar también queda extendido, en esta posición trazas tu mano en el centro de la hoja. Ahora volteas la hoja. Tus dedos índice y medio van a ser el hocico del cocodrilo, dibuja los dientes. En el nudillo del dedo anular dibujas un ojo con ojera y en la punta del dedo medio un poro de nariz. En el lomo dibújale escamas. El pulgar va a ser un brazo, en la punta del pulgar dibuja garras y dedos. Finalmente dibujas la continuación del brazo y la panza, como lo puedes ver en las ilustraciones.

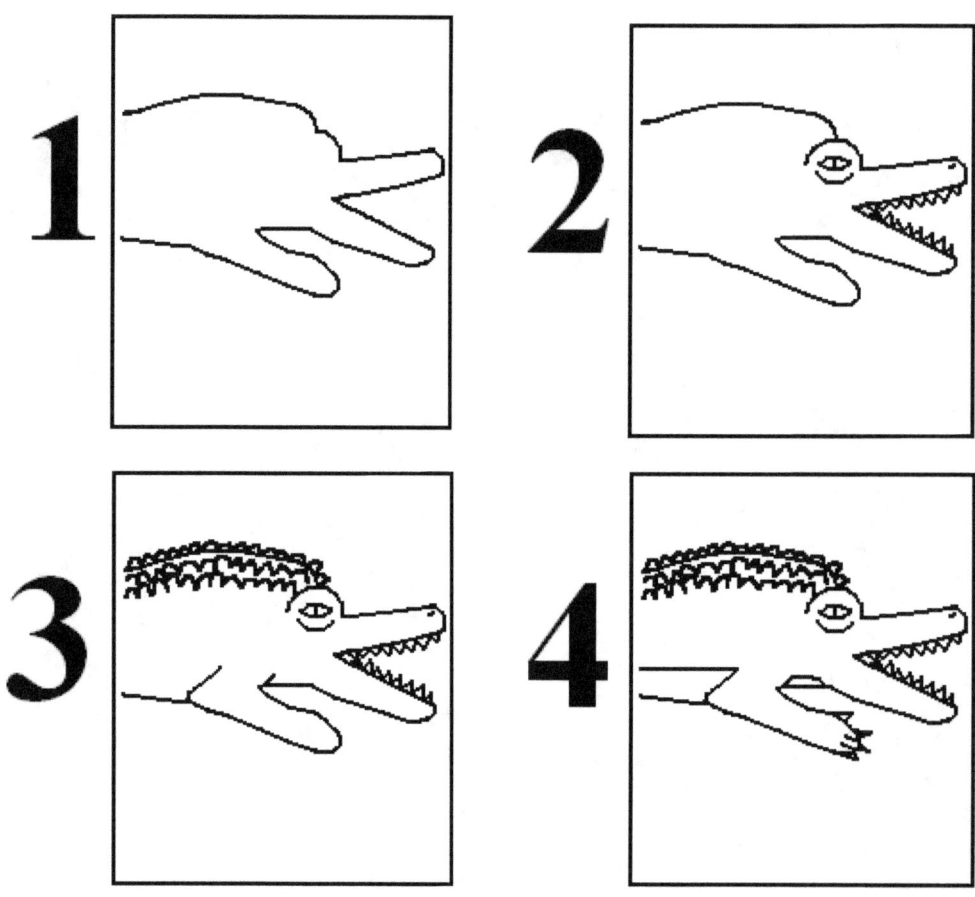

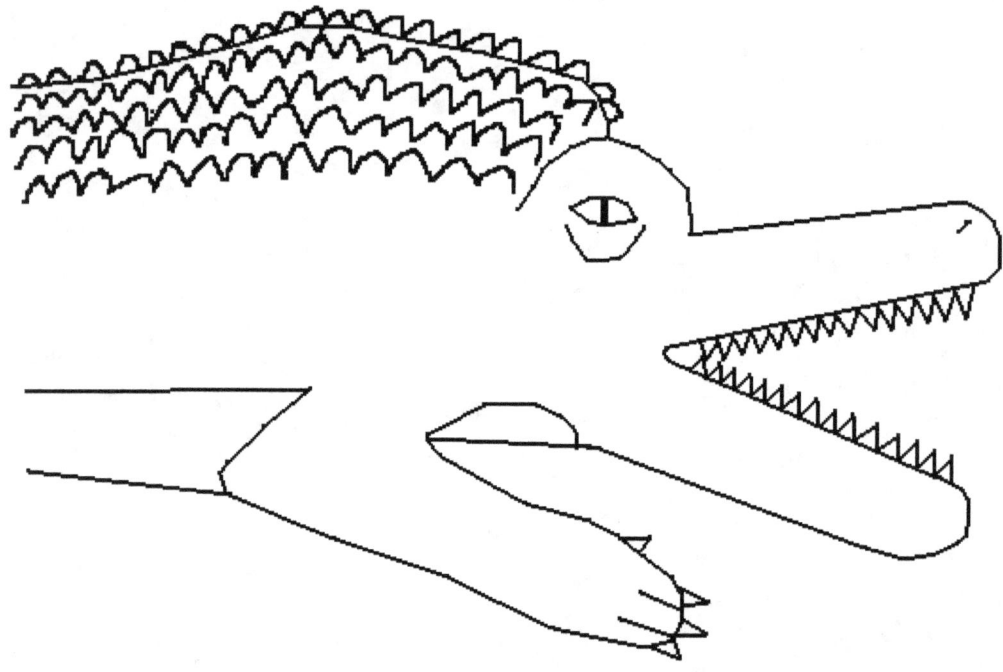

Montaña

Traza tu mano extendida en el centro de la hoja con todos los dedos bien juntos. Vas a dibujar unos árboles, como lo puedes ver en las ilustraciones. Dibujas el zacate donde están plantados los árboles y el zacate donde termina la montaña. Ahora dibuja otro par de árboles, uno de cada lado de la montaña y el pasto del fondo. Luego has muchas líneas en varias direcciones en la montaña, para que se note que es de roca.
Para finalizar, dibuja un río, y has terminado un paisaje natural.

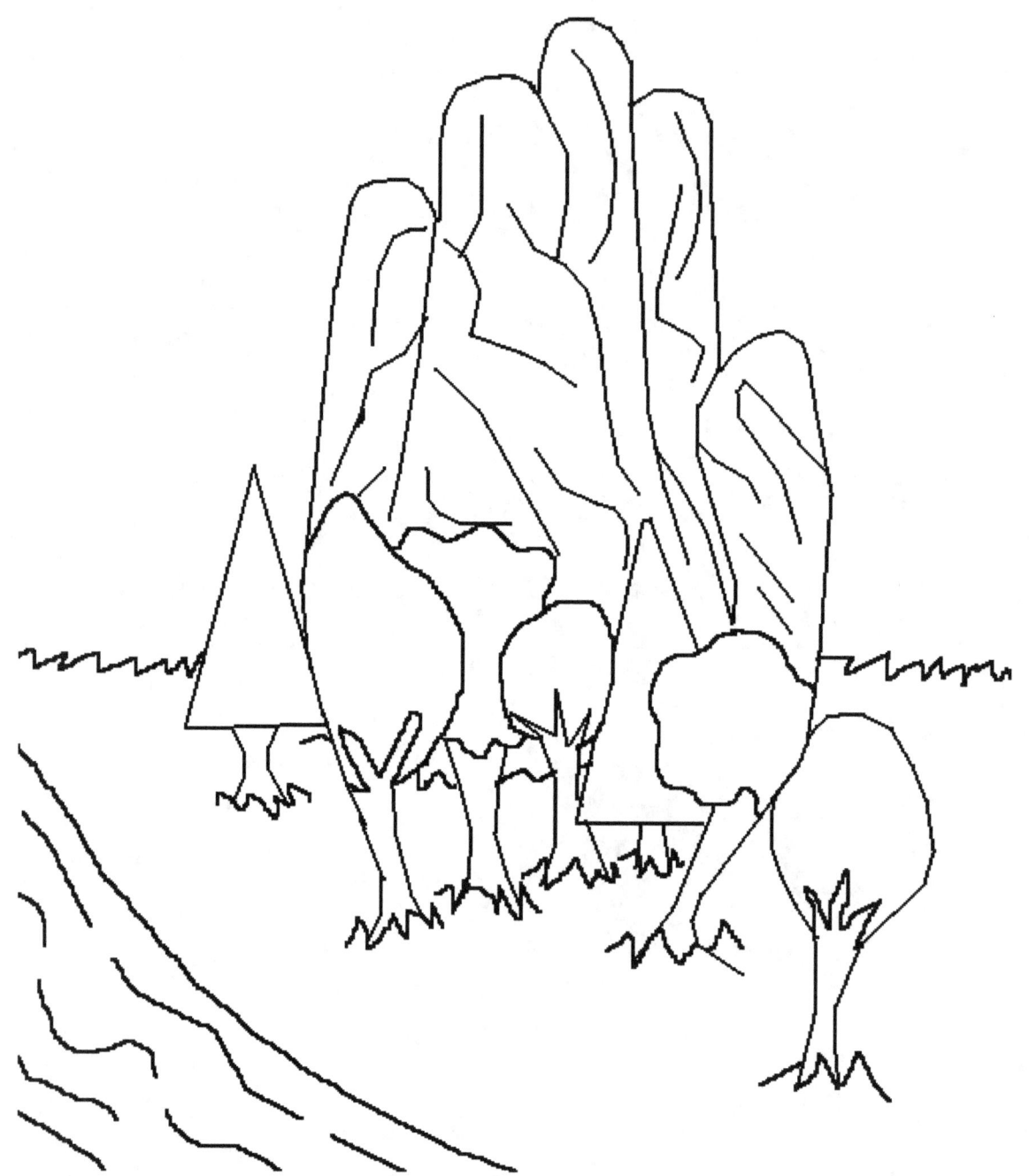

Anciano

Pon tus dedos todos juntos, coloca tu mano extendida en el centro de la hoja y trázala. Voltea tu hoja con los dedos hacia abajo. Dibujas una oreja, luego el pelo con calva, como lo puedes ver en las ilustraciones. Dibujas una línea diagonal, desde la punta del dedo índice hasta casi llegar al pelo. El pulgar va a ser la nariz, dibuja una línea curveada, para darle forma a la nariz, luego la boca y una línea diagonal que empiece en la nariz y hacia abajo. Dibujas el ojo con ojera, la ceja y unas arrugas en la frente.

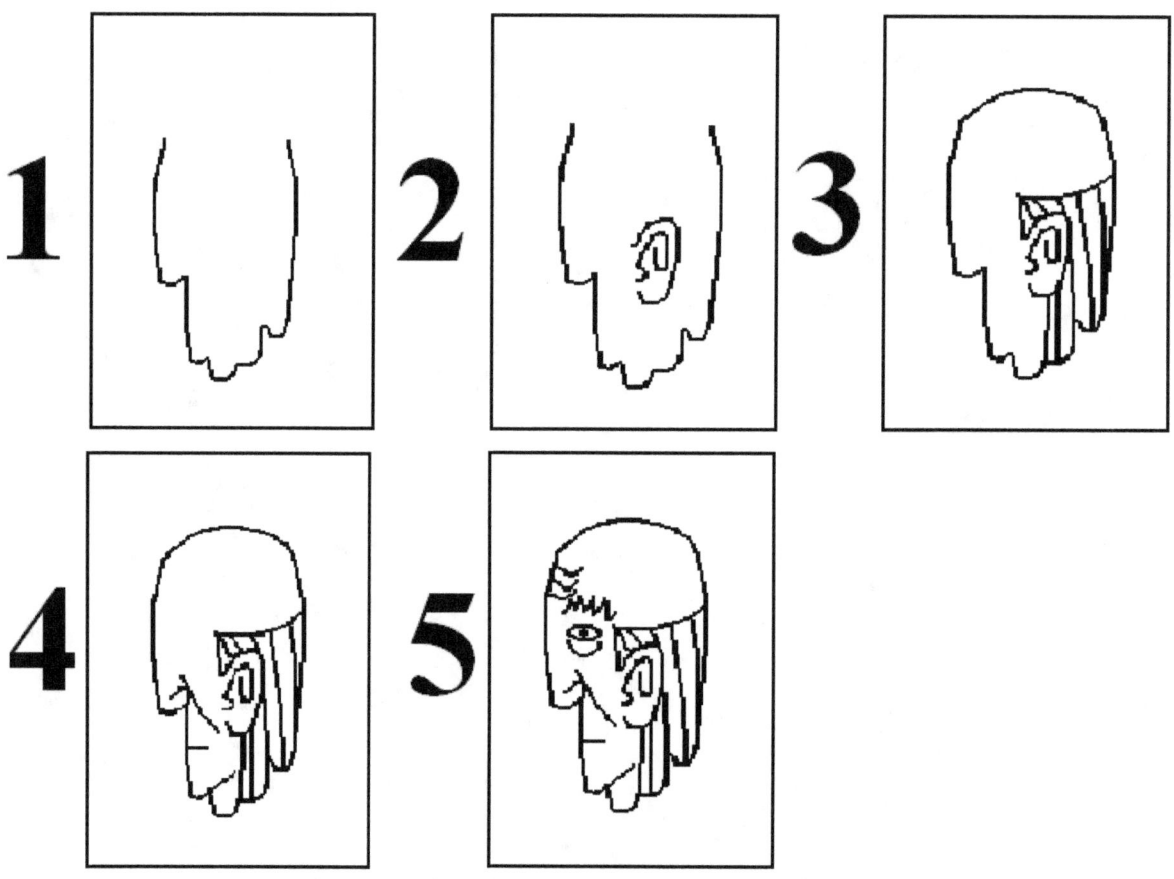

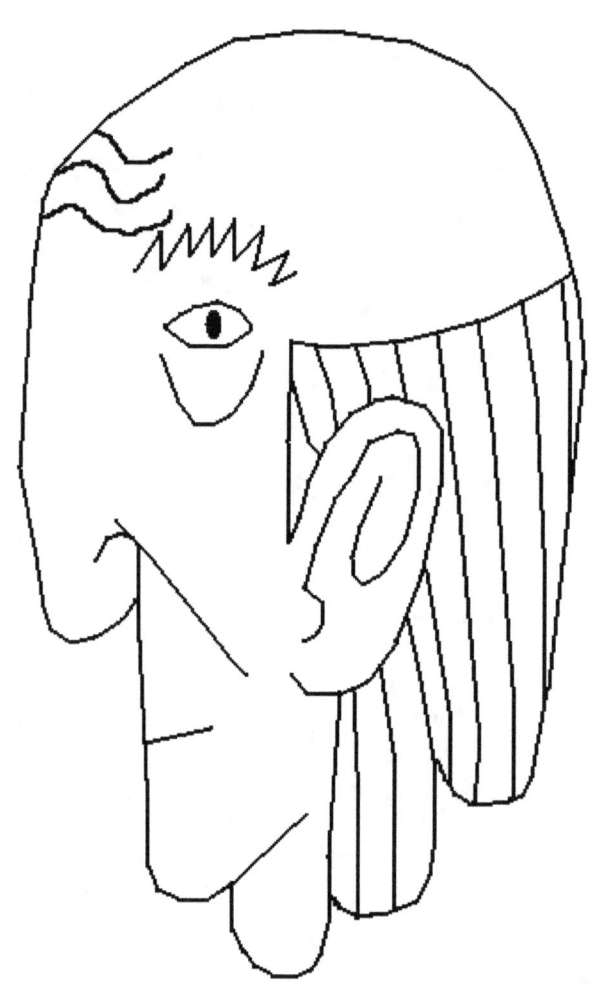

Hermanos Siameses

Traza una de tus manos abierta en el centro de la hoja. Voltea la hoja de forma que los dedos queden apuntando hacia abajo. Vas a dibujar algo que parezca como si tuvieras dos dedos pulgares, (uno de cada lado de la mano), por que van a ser los brazos de los siameses. Enseguida vas a hacer unas líneas rectas en cada uno de tus dedos, en los pulgares para que sean las mangas, y en los otros cuatro dedos, para que sean los zapatos. Ahora vas a dibujar dos cabezas en el área de la muñeca y vas a dibujarles las caras como lo puedes ver en las ilustraciones. Finalmente dibujas los cuellos de la ropa y una línea horizontal para hacer un pantalón.

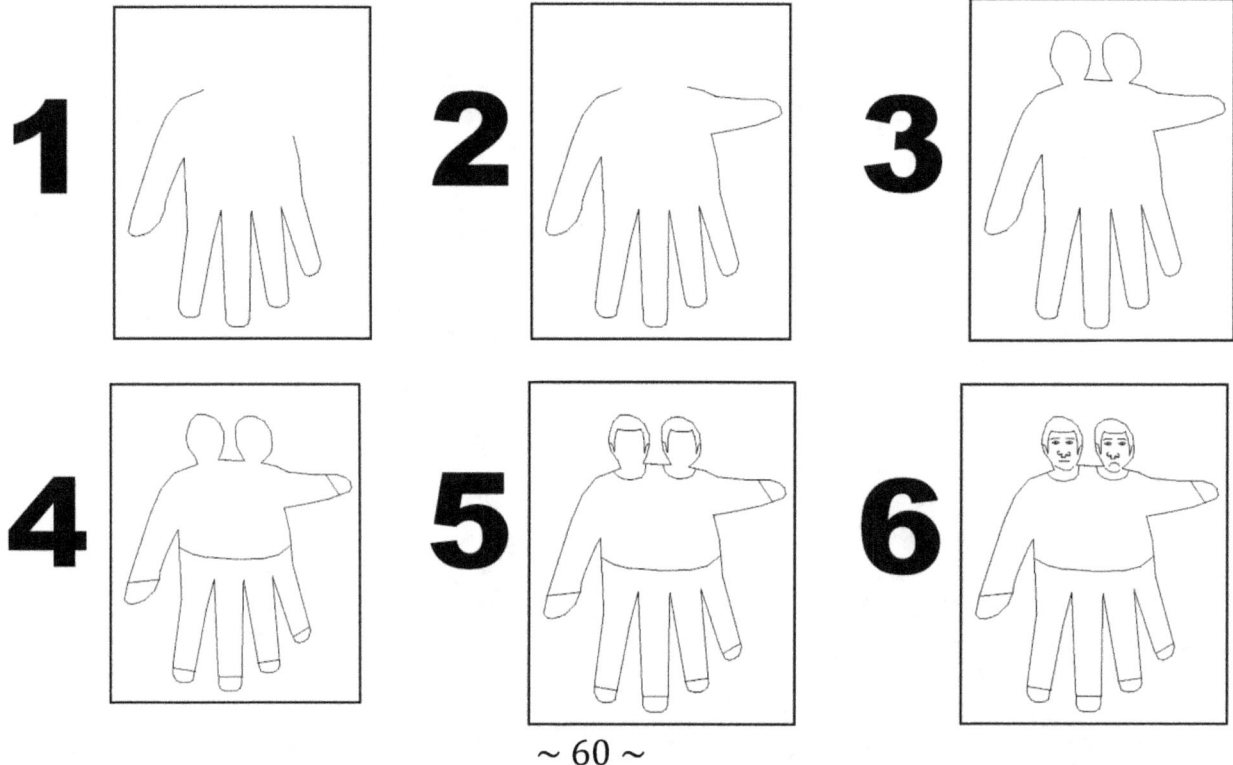

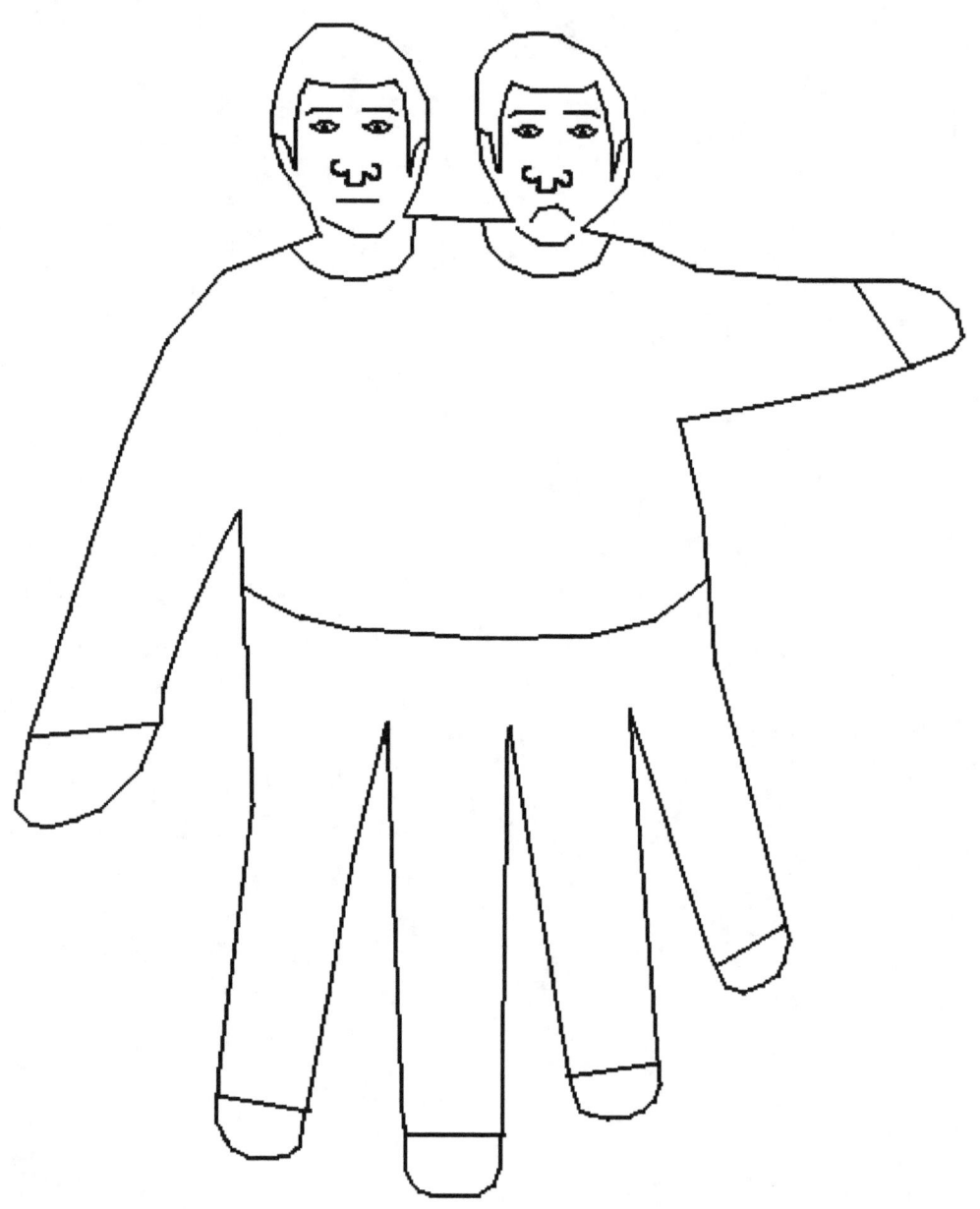

Pez

Pon todos tus dedos juntos y traza tu mano en el centro de la hoja, y volteas la hoja de manera que quede el dedo pulgar en la parte superior de la hoja. Ahora cierras la mano en forma de triangulo, pero que no termine en pico. Dibujas el ojo, la boca, un puntito que sea el poro de la nariz y las agallas. Tus cuatro dedos van a ser la cola, entonces sepáralos del resto de la mano con una línea. El pulgar va a ser la aleta de arriba, también sepáralo con una línea y en la parte inferior has otra aleta. Ahora solamente falta otra aleta que queda cerca de las agallas, la dibujas y queda terminado.

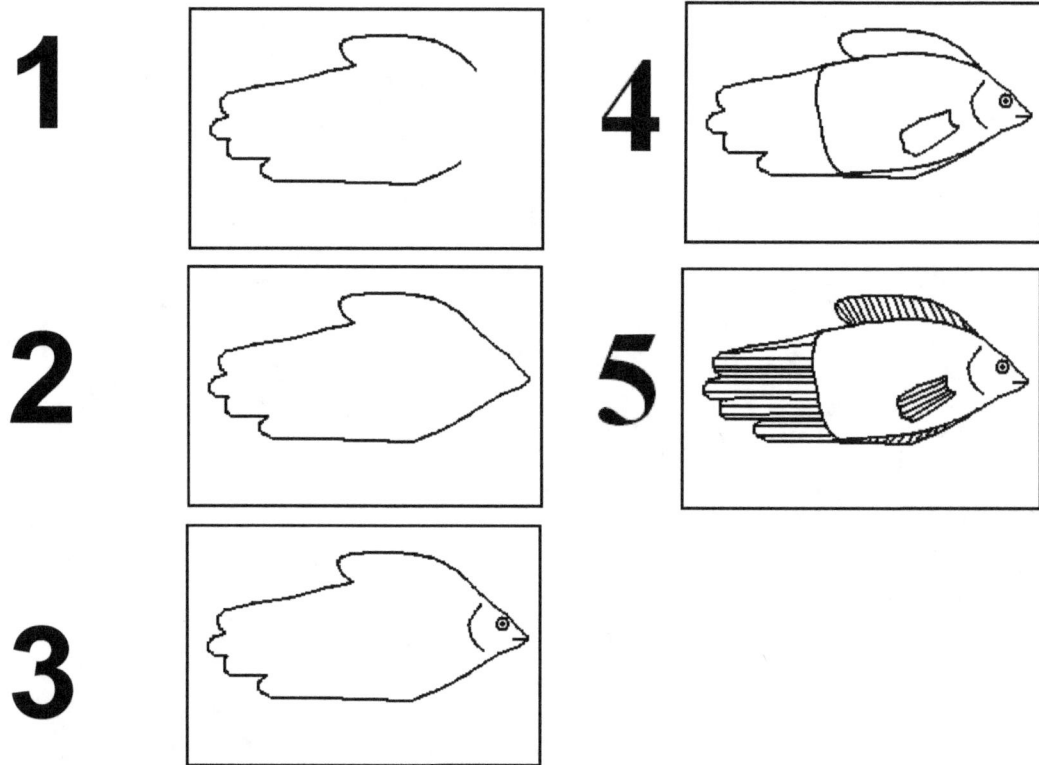

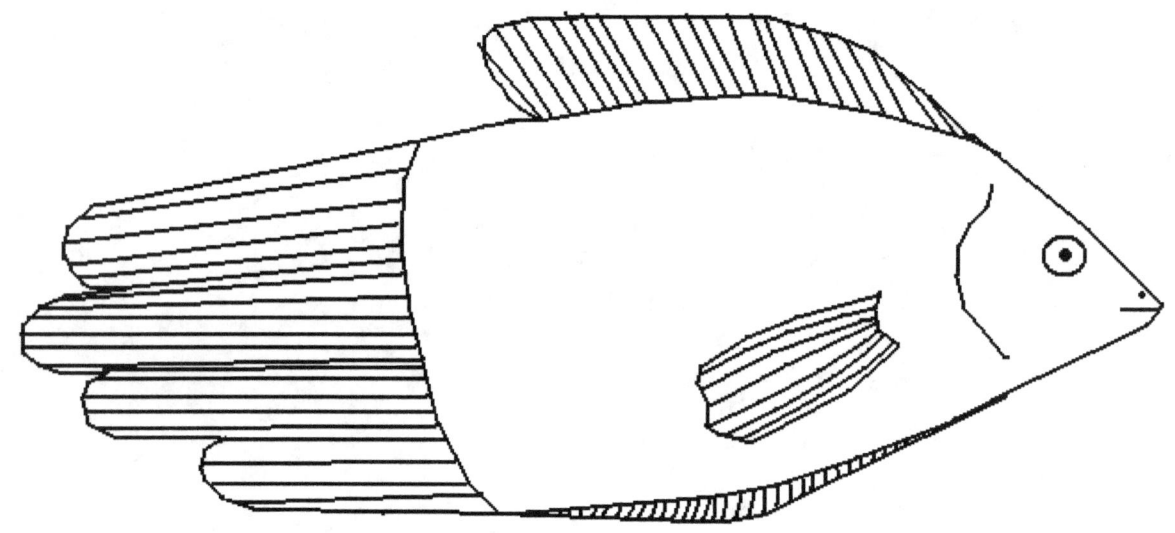

Ciudad Con Edificios

Pones tus cuatro dedos bien juntos y el pulgar lejos, formando una letra "L", de esta forma trazas tu mano en el centro de la hoja. El dedo medio y el anular van a formar un edificio, entonces vas a vas a dibujar un rectángulo largo. El dedo índice va a ser otro edificio, y el meñique será el tercer edificio. Pero antes de que los metas en un rectángulo, en lo que queda sobre saliente por los lados de la mano, (que son los huesos), vas a dibujar unos pinos (uno o dos de cada lado). Primero dibujas los pinos, después las líneas que marcan donde comienzan los edificios. Ahora, el dedo pulgar será una carretera, dibujas una línea que separe el jardín de los edificios y la carretera. Ya que has hecho lo anterior, a la carretera le haces rayas, dibujas un "alto" en la esquina y a los edificios les haces muchas ventanas, y en el primer piso una puerta.

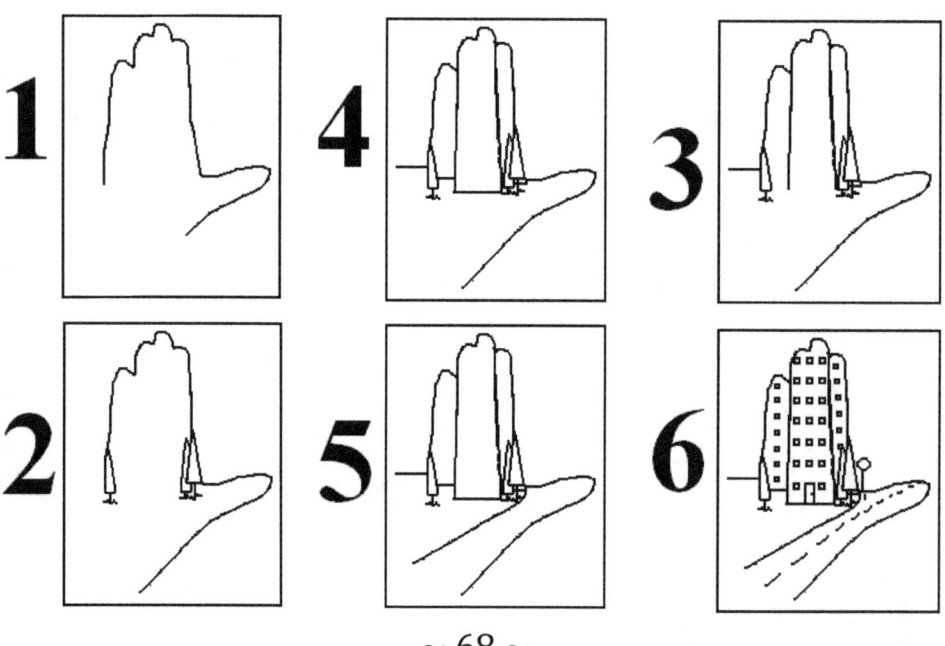

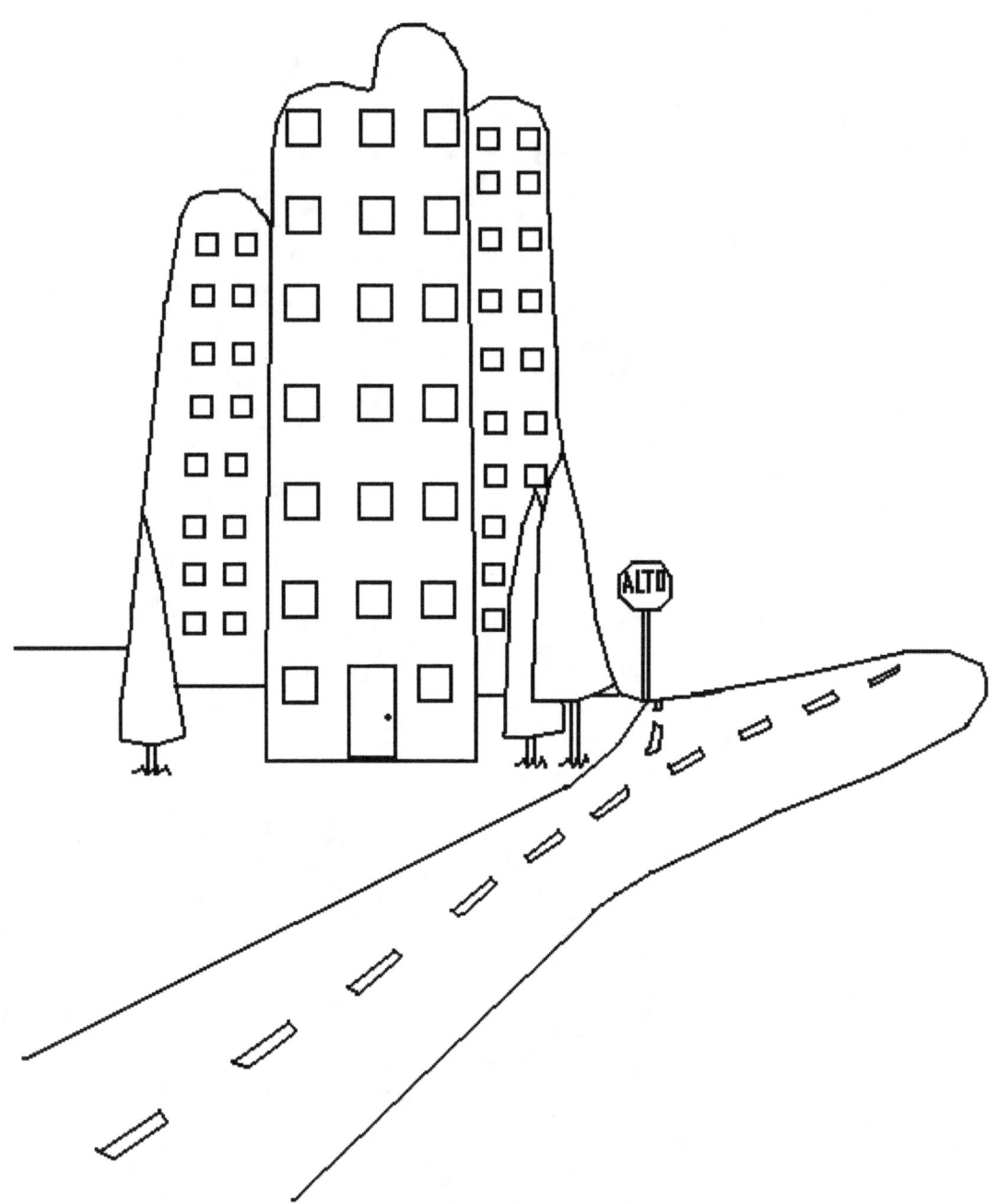

Una Muñeca

Haces un número uno con tu mano, que el único dedo arriba sea el índice y lo trazas en el centro de la hoja. Volteas tu hoja al revés. Tu dedo índice va a ser los pies de la muñeca, por el medio del dedo, vas a dibujar una línea y te vas a detener cuando llegues a la altura donde están tus demás dedos. Le vas a dibujar los zapatos (como en las ilustraciones). Donde empieza tu dedo medio vas a dibujar una raya horizontal, que va a ser el vestido de la muñeca. La parte superior de la mano la cierras con una línea curveada, que va a ser la cabeza. Un poco debajo de donde hiciste dicha línea, vas a dibujar el copete y un círculo (esa va a ser la cara de la muñeca), le vas a dibujar ojos y boca, luego el cuello, los hombros, el vestido, los brazos, como lo puedes ver en las instrucciones ilustradas.

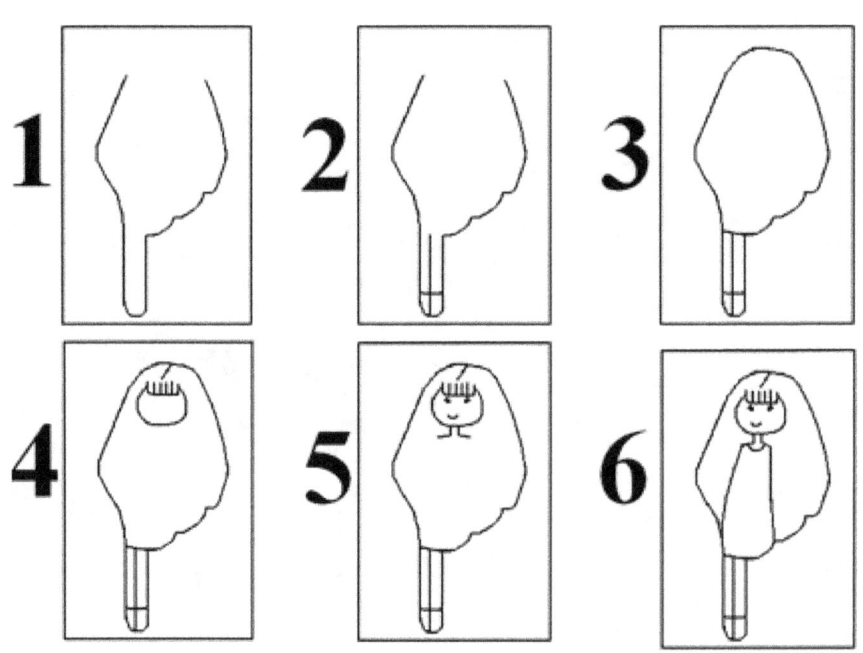

7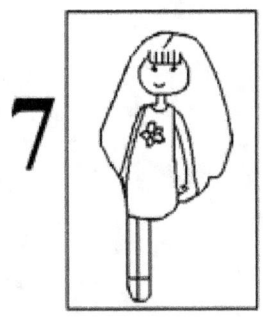

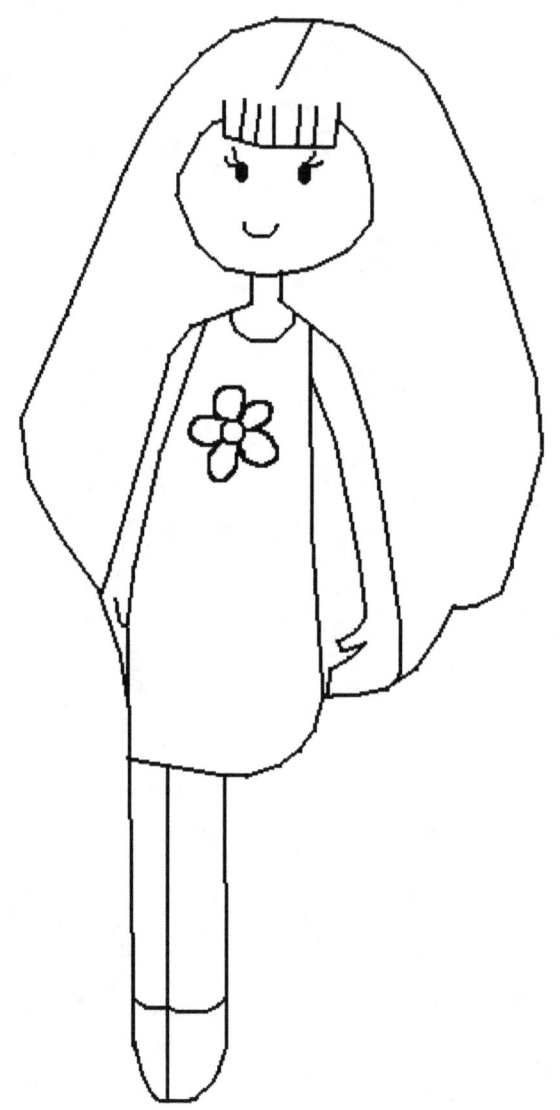

Santa Claus

Has un número dos con tu mano, dejando extendido el dedo pulgar también, en esa posición trazas tu mano en el centro de la hoja. Ahora voltea la hoja de forma que los dedos queden apuntando hacia abajo. Tus dedos índice y medio van a ser los pies de Santa, con unas líneas horizontales dibuja las botas. Tu dedo pulgar es un brazo, dibújale la manga. Un poco antes de llegar a la altura donde comienza el dedo pulgar, vas a dibujar el cinturón. En la parte superior, dibuja la barba, la nariz y el gorro, como lo indican las ilustraciones. En el espacio que quedó entre el gorro y la barba dibujas los lentes y los ojos. Debajo de la nariz la boca que se alcanza a ver de entre la barba. Desde la barba hasta el cinturón, dibujas los botones. Dibujas el otro brazo como lo indican las ilustraciones (un círculo que sea la mano, la otra manga y el brazo. Enseguida dibujas la panza de ambos lados y como podrás ver, Santa está cargando su costal de juguetes.

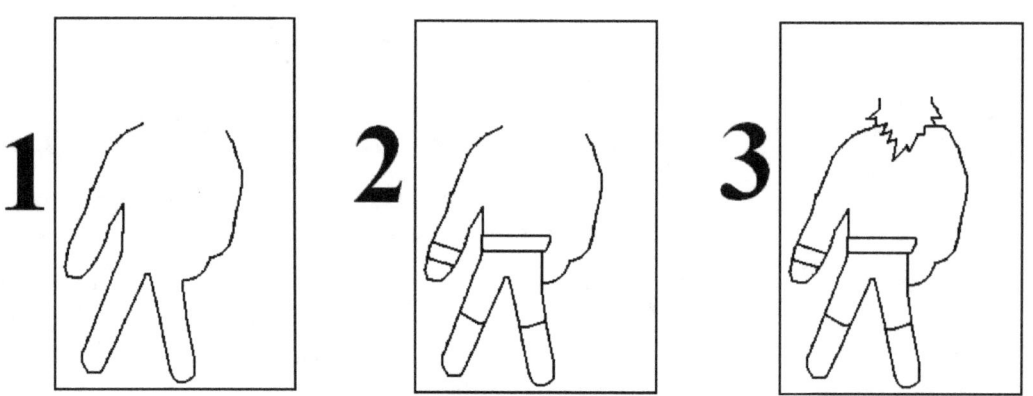

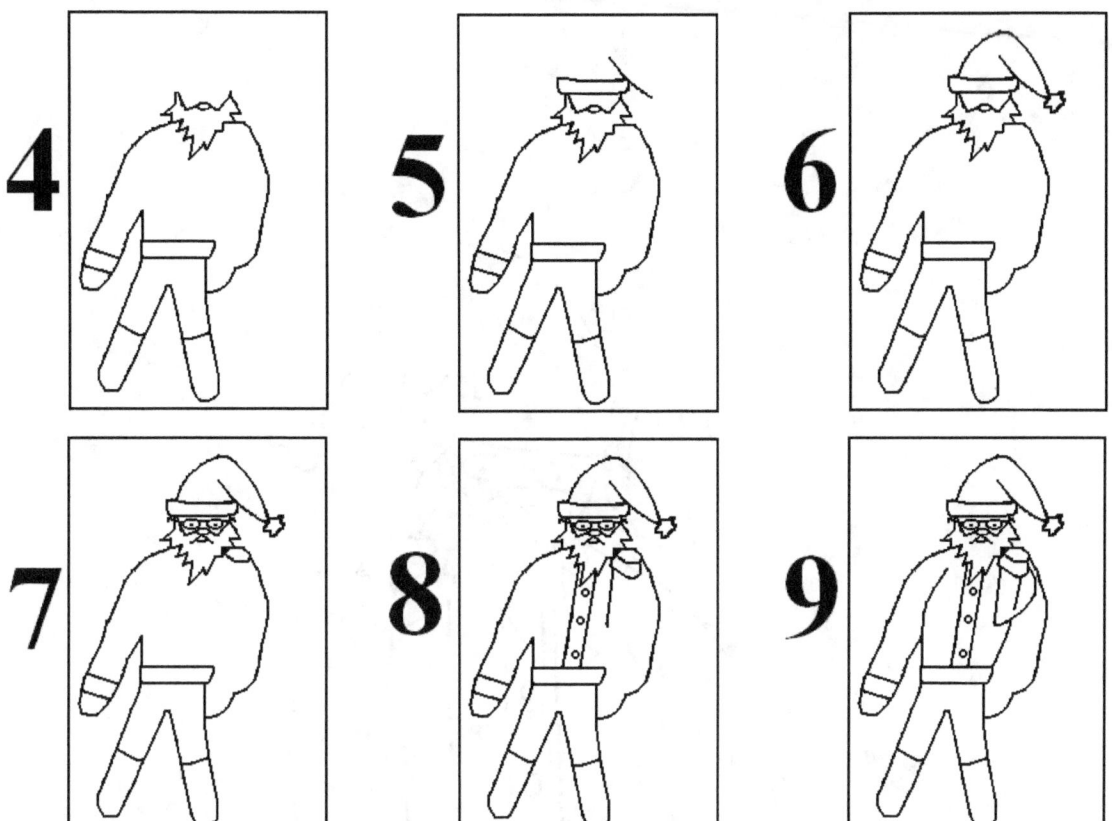

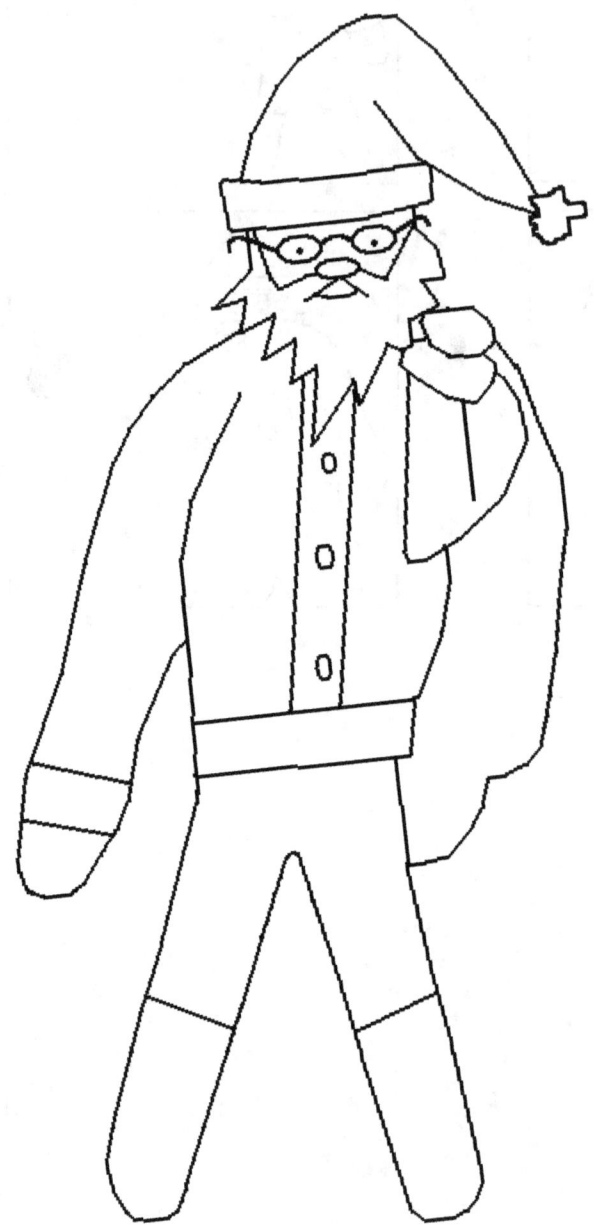

Sirena

Haces un número uno con tu mano, la colocas sobre la hoja y la trazas en el centro de la hoja. Después volteas la hoja al revés, de forma que el dedo índice quede apuntando hacia abajo. En la punta del dedo índice vas a dibujar las aletas de la cola de la sirena. Luego vas a hacer la forma de la cola de sirena, pero antes de llegar a la altura de la cintura, vas a dibujar un brazo, ahora terminas de hacer la forma del cuerpo de la sirena hasta llegar al cuello, haces la forma de la cara, una oreja, la boca, el ojo, y debajo de la oreja el pelo.

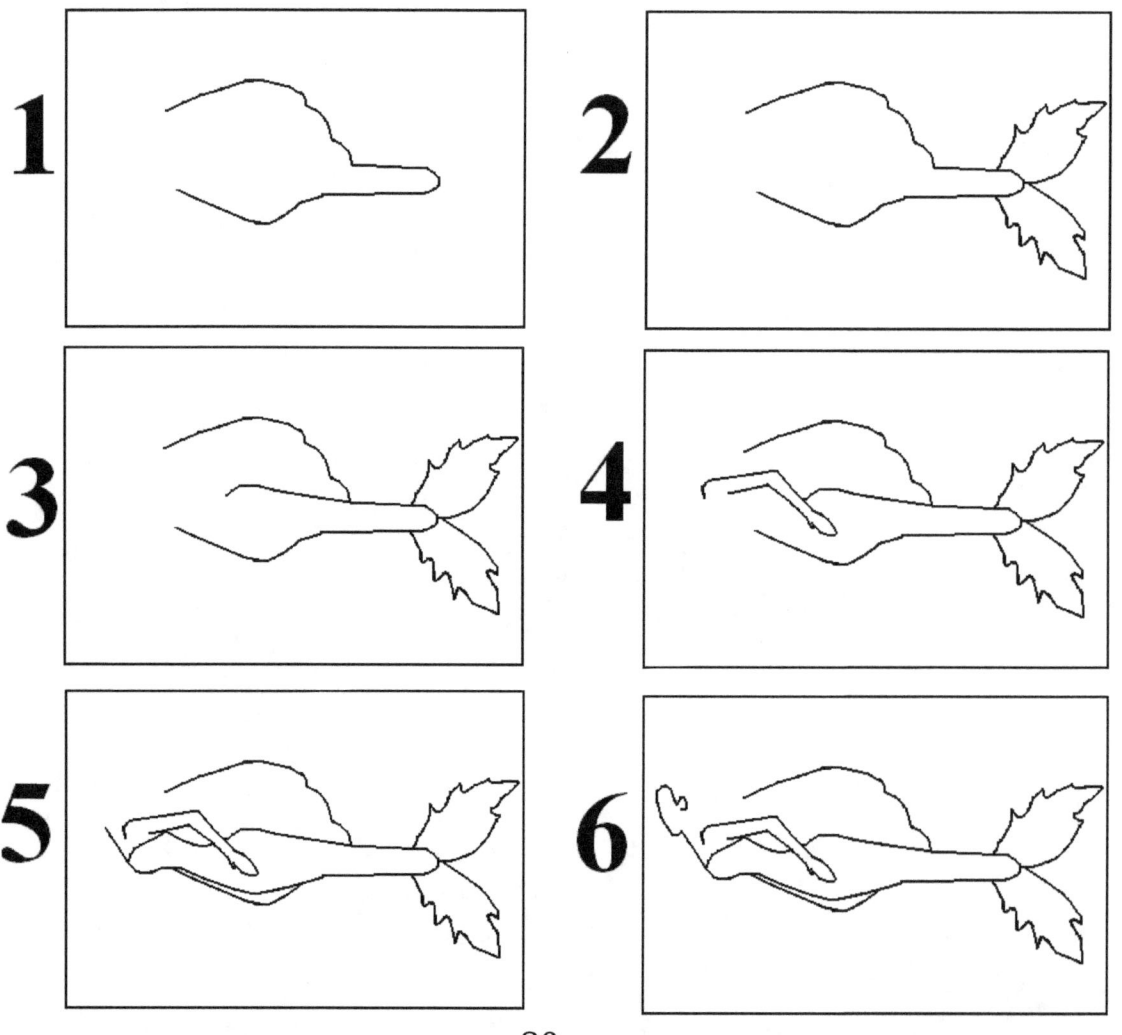

7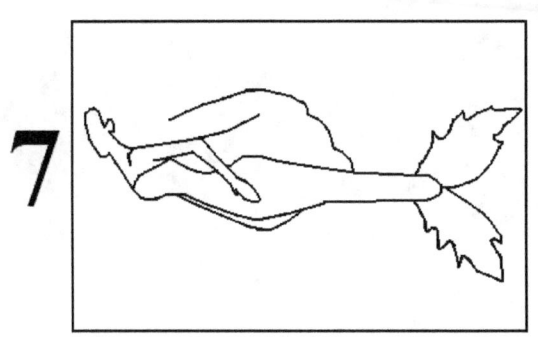

8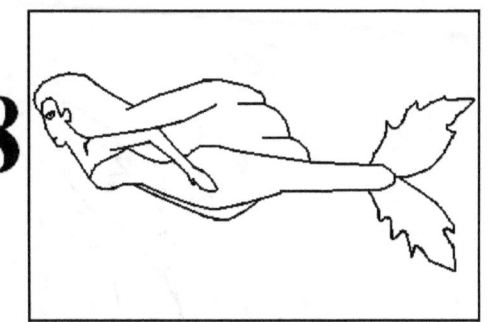

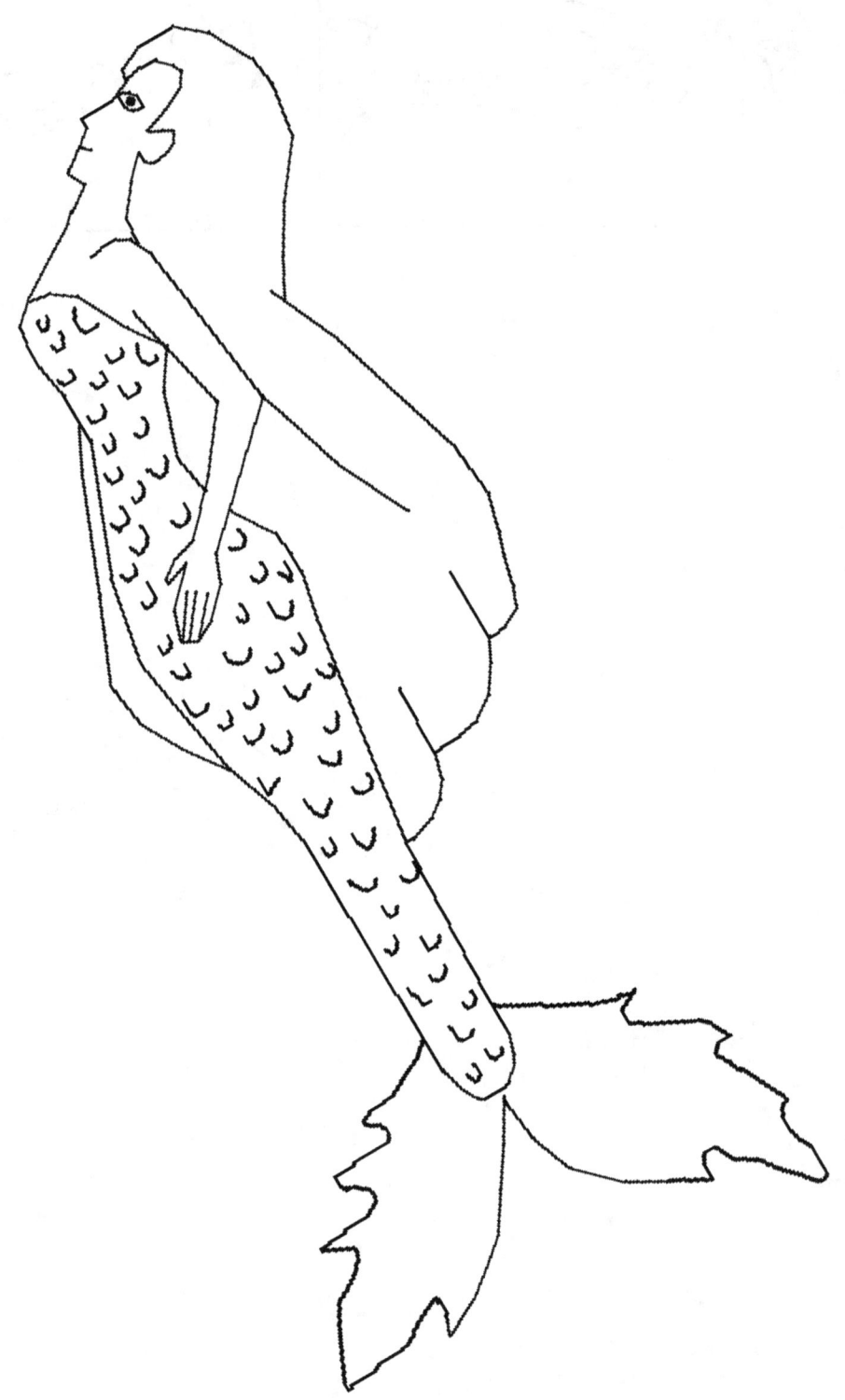

Continuará

Índice